À LA FERME
LES
ABEILLES

Sally Morgan

Texte français du Groupe Syntagme inc.

Éditions
SCHOLASTIC

Édition publiée par les Éditions Scholastic,
604, rue King Ouest, Toronto (Ontario) M5V 1E1

5 4 3 2 1   Imprimé en Chine   09 10 11 12 13

Catalogage avant publication de Bibliothèque
et Archives Canada

Morgan, Sally

Les abeilles / Sally Morgan ; illustrations de Chris Davidson.

(À la ferme)
Traduction de : Bees.
Comprend un index.

Niveau d'intérêt selon l'âge : Enfants de 4 à 8.

ISBN 978-0-545-98865-0

1. Abeille--Ouvrages pour la jeunesse. 2. Apiculture--Ouvrages
pour la jeunesse. I. Davidson, Chris II. Titre.

SF523.5.M6614 2009   j638'.1   C2008-905372-9

Texte : Sally Morgan
Conception graphique : Tara Frese
Recherche de photos : Nic Dean
Illustrations : Chris Davidson
Direction artistique : Zeta Davies

TABLE DES MATIÈRES

Les mots en **gras** figurent dans le glossaire, à la page 22.

Les abeilles à la ferme

Sais-tu d'où proviennent le **miel** et la **cire d'abeille**? Ils sont tous deux fabriqués par des abeilles mellifères, butineuses et bourdonnantes.

Les abeilles sont des **insectes**. Elles vivent dans des endroits où il y a beaucoup de fleurs. Les fermiers et les jardiniers aiment les abeilles parce qu'elles transportent le **pollen** d'une fleur à une autre, ce qui permet aux fleurs de faire des graines.

4

Les apiculteurs gardent leurs abeilles dans des ruches comme celles-ci.

INFO-FERME
Le bourdonnement des abeilles est en fait le bruit que font leurs ailes. Les abeilles battent des ailes plus de 200 fois par seconde!

Les abeilles vivent ensemble en groupes qu'on appelle **colonies**. Les **apiculteurs** sont des personnes qui s'occupent des abeilles. Ils construisent des **ruches** où les abeilles pourront vivre. La plupart des apiculteurs s'occupent d'une ou deux ruches, mais certains en ont un très grand nombre.

L'abeille, des antennes au dard

Dans une ruche, on retrouve trois types d'abeilles. La plupart sont des **abeilles ouvrières**. Ce sont celles qu'on voit butiner de fleur en fleur. Les ouvrières ont un corps poilu d'environ 1 à 1,5 cm de long. Elles ont deux paires d'ailes transparentes et un corps rayé orange et noir.

Corps poilu

Œil

Ailes

Antenne

Pattes

Dard

Cette grosse reine est entourée d'ouvrières.

Taille d'un enfant de six ans

Taille d'une ruche

Dans une ruche, la plus grosse abeille est la **reine**. Il n'y a qu'une reine par ruche et c'est elle la chef. On appelle les abeilles mâles **faux bourdons**. Des centaines de faux bourdons vivent dans chaque ruche.

7

Une vie d'abeille...

La reine pond ses œufs dans la ruche. Après trois jours, les œufs éclosent pour donner naissance à des **larves**. Les larves sont blanches et n'ont pas d'ailes. Les ouvrières les nourrissent avec du pain d'abeille, un mélange de miel et de pollen.

Les larves ressemblent à de petits asticots grouillants.

Après quatre jours, la larve se transforme en **nymphe**. Elle cesse de bouger pendant qu'elle devient une abeille adulte.

8

Ce bébé abeille a été une larve.

Certaines larves reçoivent une nourriture spéciale : la gelée royale. Les ouvrières la produisent avec leur bouche. Les larves qui sont nourries de gelée royale se transforment en nouvelles reines.

Les ouvrières vivent environ six à sept semaines. Les faux bourdons vivent environ deux mois. Une reine peut vivre jusqu'à deux ans.

L'amie des fleurs

Chaque jour, les abeilles mellifères quittent la ruche et s'envolent à la recherche de fleurs. Elles boivent le **nectar** sucré produit par de nombreuses fleurs.

Elles y trouvent aussi du pollen, qui ressemble à de la poussière jaune. Elles le mettent dans les paniers spéciaux qu'elles ont sur les pattes. Puis elles ramènent le pollen et le nectar à leur ruche.

Cette abeille a emmagasiné beaucoup de pollen dans le panier qu'elle a à la patte.

Les abeilles sont de petits insectes très utiles parce qu'elles aident les fleurs à pousser. Elles transportent le pollen d'une fleur à l'autre. C'est important parce que les fleurs ont besoin de pollen pour produire les graines; ces graines permettront à d'autres fleurs de pousser.

Du bon miel

Les ouvrières mastiquent le nectar et le pollen pour les transformer en miel. Le miel est très sucré parce qu'il est fait... de sucre. Les abeilles en mangent une partie, et les apiculteurs récoltent le reste. On le filtre pour retirer la cire d'abeille et on le met dans des pots pour le vendre.

En une année, on peut recueillir dans une seule ruche jusqu'à 70 kg de miel. C'est presque le poids d'un homme adulte!

Cet apiculteur retire un rayon de la ruche.

INFO-FERME
Le miel peut servir
à soigner les plaies.
Il empêche les microbes
d'entrer dans la blessure
et l'aide à guérir plus
rapidement.

Certains miels sont foncés et d'autres, blancs.
Le miel peut être fort ou doux. Tout dépend
du type de fleurs que les abeilles ont butinées.
Le miel fait à partir de fleurs de bruyère a un
goût de fumée.

13

La ruée vers la ruche

Jusqu'à 50 000 abeilles peuvent vivre ensemble dans une même ruche. C'est beaucoup! À l'intérieur, les abeilles fabriquent de la cire pour construire un **rayon**. Chaque rayon est constitué de milliers de petites cellules à six côtés, appelées alvéoles.

INFO-FERME
On se sert de la cire
d'abeille pour fabriquer
des bougies et polir les
meubles. La soie dentaire
est parfois recouverte
de cire d'abeille pour
mieux glisser entre
les dents.

Quand ils inspectent leurs ruches, les apiculteurs portent des vêtements spéciaux pour ne pas se faire piquer.

En été, les apiculteurs déplacent les ruches pour que les abeilles aient beaucoup de fleurs à visiter. À la fin de l'été, ils enlèvent certains des rayons pour recueillir le miel qui y a été déposé. Pendant les mois d'hiver, quand les fleurs se font rares, les apiculteurs donnent à leurs abeilles une nourriture sucrée qu'on appelle le candi.

Abeilles du monde entier

ABEILLE TUEUSE

L'abeille africanisée est un croisement entre l'abeille européenne et l'abeille africaine. On la retrouve en Amérique du Sud. On l'a surnommée abeille tueuse parce qu'elle est agressive et peut pourchasser une personne sur plus de 100 m pour la piquer. Sauve qui peut!

ABEILLE GÉANTE

On trouve cette abeille sauvage en Asie. Elle peut atteindre 15 mm de longueur. Elle fait son nid dans les arbres et sur les falaises. Les apiculteurs ne l'élèvent pas parce qu'elle n'est pas très gentille. Elle peut piquer sans raison.

ABEILLE NAINE

Cette mini-abeille ne mesure que 8 mm de longueur. C'est tout petit! Elle vit dans la partie sud de l'Asie et c'est un type d'abeille sauvage. Elle ne vit pas dans une ruche; elle accroche plutôt ses rayons à des branches d'arbre.

17

Tout sucre tout miel

ÉGYPTE ANCIENNE

Le miel avait beaucoup de valeur dans l'Égypte ancienne. On s'en servait en guise d'argent. Avec cent pots de miel, on achetait un bœuf ou un âne.

GRÈCE

En Grèce, autrefois, la **tradition** voulait que la mariée trempe son doigt dans un pot de miel et qu'elle fasse le signe de la croix avant d'entrer dans sa nouvelle maison. On croyait que cela lui porterait chance.

PARTOUT DANS LE MONDE

Dans de nombreux endroits du monde, le miel fait partie des fêtes du Nouvel An juif. Au cours de la célébration, on trempe des morceaux de pomme dans du miel. Cela porte bonheur pour l'année qui vient.

19

Une abeille bourdonnante

Fabrique ta propre abeille. C'est super amusant et très facile. Tu auras besoin d'une boîte d'œufs, de ciseaux, de ruban-cache, de peinture, d'un pinceau, de cure-pipes, de colle, de ruban adhésif et d'un bâton.

1 Découpe deux cavités dans la boîte d'œufs et colle-les ensemble avec du ruban adhésif pour avoir une forme ovale.

2 Peins le corps de l'abeille. N'oublie pas que les abeilles ont le corps rayé!

3 Découpe un petit cercle dans la boîte d'œufs et colle-le à l'avant de ton abeille pour faire la tête. Peins de gros yeux ronds.

4 Découpe des petits morceaux de cure-pipe. Enfonce-les dans le corps de ton abeille pour faire les pattes et les antennes. Arrondis deux autres cure-pipes pour faire les ailes et plante-les dans le dos de ton abeille.

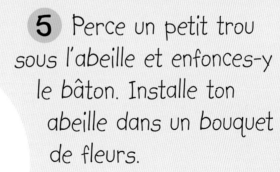

5 Perce un petit trou sous l'abeille et enfonces-y le bâton. Installe ton abeille dans un bouquet de fleurs.

Glossaire et index

abeilles ouvrières   type d'abeilles qui vivent dans une ruche et recueillent le nectar et le pollen des fleurs

antennes   petites tiges sur la tête d'un insecte pour qu'il puisse toucher et reconnaître les choses

apiculteur   personne qui élève des abeilles

cire d'abeille   substance cireuse fabriquée par les abeilles

colonies   groupes constitués d'un grand nombre d'abeilles qui vivent ensemble

faux bourdon   nom donné aux abeilles mâles

insectes   petits animaux qui ont six pattes et des ailes

larves   nom donné aux petits d'un insecte. La larve sort d'un œuf.

miel   substance sucrée fabriquée par les abeilles

nectar   liquide sucré produit par certaines fleurs

nymphe   étape de la vie d'un insecte pendant laquelle le corps de la larve se transforme en insecte adulte

pollen   « poussière » jaune produite par une fleur

rayon   endroit où les abeilles entreposent le miel dans une ruche

reine   abeille femelle qui pond des œufs

ruche   endroit où vivent les abeilles

tradition   coutume ou façon de faire que des parents transmettent à leurs enfants, qui les transmettront à leur tour à leurs enfants

Idées à l'intention des enseignants et des parents

- Regardez les abeilles au travail dans un jardin ou un parc. Notez quelles fleurs elles visitent. Observez la façon dont les abeilles vont d'une fleur à l'autre. Assurez-vous que les enfants ne s'approchent pas trop près des abeilles. Il ne faudrait pas qu'ils se fassent piquer!

- Cherchez des recettes intéressantes contenant du miel. Essayez-les avec les enfants, puis faites une dégustation.

- Demandez à un apiculteur local s'il est possible de regarder à l'intérieur d'une ruche. Souvent, les associations locales d'apiculteurs organisent des journées spéciales pour le public.

- Faites un collage représentant des abeilles. Prenez une grande feuille de papier blanc sur laquelle vous dessinerez des contours d'abeilles et de fleurs. Fouillez dans de vieux magazines et découpez des images d'abeilles et de fleurs. Collez-les sur le dessin pour obtenir un collage de toutes les couleurs!

- Faites une recherche des mots clés relatifs aux abeilles du présent livre.

- Encouragez les enfants à raconter des blagues et des histoires sur les abeilles. Voyez s'ils peuvent écrire un poème ou une histoire sur ce thème.

- Faites une expérience simple pour savoir quelles couleurs les abeilles préfèrent. Placez trois petits cercles de carton coloré (rouge, jaune et bleu) sur le sol près d'un massif de fleurs et déposez un peu d'eau sucrée au milieu de chaque cercle. Reculez et observez vers quel carton les abeilles se dirigent.

- Il y a bien des sortes de miel en vente dans les magasins. Demandez aux enfants de regarder les étiquettes pour voir quels types de fleurs les abeilles ont butinées. Certains miels sont faits par des abeilles qui butinent un seul type de fleur, par exemple la bruyère ou la lavande. Il est également possible d'acheter du miel produit par des abeilles de la forêt tropicale humide. Achetez quelques pots de miel de différentes sortes et faites une dégustation avec les enfants.

24

NOTA
- Assurez-vous qu'aucun enfant n'a d'intolérance alimentaire avant d'entreprendre la recette au miel et la dégustation.